내가 쓰는

하루 성경

성경 말씀 따라 쓰기

내가 쓰는
하루 성경

여원미디어

머리말

성경 따라 쓰기,
하나님을 더 깊이 만나다

성경은 구약 성경 39권, 신약 성경 27권 총 66권입니다. 약 1500여 년 동안 많은 사람들에 의해 기록된 책이 바로 성경입니다. 성경을 기록한 목적은 사도 바울이 디모데에게 쓴 편지에 아주 잘 나타나 있습니다. "모든 성경은 하나님의 감동으로 된 것으로 교훈과 책망과 바르게 함과 의로 교육하기에 유익하니 이는 하나님의 사람으로 온전하게 하며 모든 선한 일을 행할 능력을 갖추게 하려 함이라"(딤후 3:16-17). 이 목적에 맞게 오랜 시간 동안 많은 사람들은 성경을 통해서 하나님을 예배하고, 하나님의 사람이 되기 위한 노력을 했습니다.

성경에는 아주 특별한 능력이 있습니다.

"하나님의 말씀은 살아 있고 활력이 있어 좌우에 날선 어떤 검보다도 예리하여 혼과 영과 및 관절과 골수를 찔러 쪼개기까지 하며 또 마음의 생각과 뜻을 판단하니"(히 4:12).

이 특별한 능력에 의지하여, 많은 신앙인들이 성경을 통해 하나님을 만나고, 믿음을 지키며 살았습니다.

그동안 성경은 세계 각 나라에서 여러 가지 언어로 만들어져 왔습니다. 종이가 귀하고 인쇄술이 발달하지 않았던 시절에는 한 자 한 자 하나님의 말씀을 적었습니다. 인쇄술이 발달하면서 성경도 대량으로 만들어지고, 지금 우리는 많은 종류의 성경책을 쉽게 접할 수 있게 되었습니다.

성경을 따라 쓰는 것은 성경책을 읽는 것과는 또 다른 장점이 있습니다. 먼저, 성경을 눈으로 읽는 것에서 그치지 않고, 직접 쓰기 때문에 더 깊이 이해할 수 있습니다. 조금 느리더라도 손으로 하나님의 말씀을 쓰다 보면 하나님께서 살아 움직이는 것을 경험하기도 하며, 나만의 성경책을 만들 수도 있습니다.

이 책에는 모두 270개의 성경 구절을 실어 놓았습니다. 구약 135절, 신약 135절입니다. 기독교인이라면 꼭 알아야 하는 기독교 교리와 관련

된 성경 구절을 위주로 골랐으며, 왼쪽 페이지에 성경 구절을, 오른쪽 페이지에는 성경을 따라 쓸 수 있는 공간을 마련하여 성경책이 따로 필요하지 않습니다. 페이지마다 평균 3절씩 실려 있기 때문에 매일 1페이지씩 쓴다면 90일(3개월)이면 모두 필사할 수 있습니다.

성경을 따라 쓰는 것은 무섭게 변하는 이 시대에 조금 여유를 가지고 하나님의 말씀을 대하는 의미 있는 작업입니다. 하루에 10분씩이라도 내어 성경을 따라 쓰면서, 말씀을 깊이 생각하고, 하나님의 은혜를 경험하는 시간을 갖길 바랍니다. 한 글자 한 글자 천천히 또박또박 따라 쓰면서 하나님과 더 깊은 만남을 갖길 기대합니다.

차 례

“주의 말씀은 내 발에 등이요
내 길에 빛이니이다”

시편 119편 105절

구약

창세기 1장 1절

태초에 하나님이 천지를 창조하시니라

창세기 1장 27절

하나님이 자기 형상 곧 하나님의 형상대로 사람을 창조하시되 남자와 여자를 창조하시고

창세기 1장 28절

하나님이 그들에게 복을 주시며 하나님이 그들에게 이르시되 생육하고 번성하여 땅에 충만하라, 땅을 정복하라, 바다의 물고기와 하늘의 새와 땅에 움직이는 모든 생물을 다스리라 하시니라

창세기 1장 1절

창세기 1장 27절

창세기 1장 28절

창세기 2장 7절

여호와 하나님이 땅의 흙으로 사람을 지으시고 생기를 그 코에 불어 넣으시니 사람이 생령이 되니라

창세기 12장 1절

여호와께서 아브람에게 이르시되 너는 너의 고향과 친척과 아버지의 집을 떠나 내가 네게 보여 줄 땅으로 가라

창세기 12장 2절

내가 너로 큰 민족을 이루고 네게 복을 주어 네 이름을 창대하게 하리니 너는 복이 될지라

창세기 2장 7절

창세기 12장 1절

창세기 12장 2절

창세기 12장 3절

너를 축복하는 자에게는 내가 복을 내리고 너를 저주하는 자에게는 내가 저주하리니 땅의 모든 족속이 너로 말미암아 복을 얻을 것이라 하신지라

창세기 15장 6절

아브람이 여호와를 믿으니 여호와께서 이를 그의 의로 여기시고

창세기 17장 1절

아브람이 구십구 세 때에 여호와께서 아브람에게 나타나서 그에게 이르시되 나는 전능한 하나님이라 너는 내 앞에서 행하여 완전하라

창세기 12장 3절

창세기 15장 6절

창세기 17장 1절

창세기 17장 4절

보라 내 언약이 너와 함께 있으니 너는 여러 민족의 아버지가 될지라

창세기 18장 19절

내가 그로 그 자식과 권속에게 명하여 여호와의 도를 지켜 의와 공도를 행하게 하려고 그를 택하였나니 이는 나 여호와가 아브라함에게 대하여 말한 일을 이루려 함이니라

창세기 50장 20절

당신들은 나를 해하려 하였으나 하나님은 그것을 선으로 바꾸사 오늘과 같이 많은 백성의 생명을 구원하게 하시려 하셨나니

창세기 17장 4절

창세기 18장 19절

창세기 50장 20절

출애굽기 3장 14절

하나님이 모세에게 이르시되 나는 스스로 있는 자이니라 또 이르시되 너는 이스라엘 자손에게 이같이 이르기를 스스로 있는 자가 나를 너희에게 보내셨다 하라

출애굽기 19장 5절

세계가 다 내게 속하였나니 너희가 내 말을 잘 듣고 내 언약을 지키면 너희는 모든 민족 중에서 내 소유가 되겠고

출애굽기 19장 6절

너희가 내게 대하여 제사장 나라가 되며 거룩한 백성이 되리라 너는 이 말을 이스라엘 자손에게 전할지니라

출애굽기 3장 14절

출애굽기 19장 5절

출애굽기 19장 6절

출애굽기 22장 21절

너는 이방 나그네를 압제하지 말며 그들을 학대하지 말라 너희도 애굽 땅에서 나그네였음이라

출애굽기 34장 6절

여호와께서 그의 앞으로 지나시며 선포하시되 여호와라 여호와라 자비롭고 은혜롭고 노하기를 더디하고 인자와 진실이 많은 하나님이라

레위기 19장 2절

너는 이스라엘 자손의 온 회중에게 말하여 이르라 너희는 거룩하라 이는 나 여호와 너희 하나님이 거룩함이니라

출애굽기 22장 21절

출애굽기 34장 6절

레위기 19장 2절

레위기 19장 11절

너희는 도둑질하지 말며 속이지 말며 서로 거짓말하지 말며

레위기 19장 18절

원수를 갚지 말며 동포를 원망하지 말며 네 이웃 사랑하기를 네 자신과 같이 사랑하라 나는 여호와이니라

레위기 25장 23절

토지를 영구히 팔지 말 것은 토지는 다 내 것임이니라 너희는 거류민이요 동거하는 자로서 나와 함께 있느니라

레위기 19장 11절

레위기 19장 18절

레위기 25장 23절

민수기 12장 3절

이 사람 모세는 온유함이 지면의 모든 사람보다 더하더라

민수기 23장 19절

하나님은 사람이 아니시니 거짓말을 하지 않으시고 인생이 아니시니 후회가 없으시도다 어찌 그 말씀하신 바를 행하지 않으시며 하신 말씀을 실행하지 않으시랴

민수기 35장 33절

너희는 너희가 거주하는 땅을 더럽히지 말라 피는 땅을 더럽히나니 피 흘림을 받은 땅은 그 피를 흘리게 한 자의 피가 아니면 속함을 받을 수 없느니라

민수기 12장 3절

민수기 23장 19절

민수기 35장 33절

신명기 6장 4절

이스라엘아 들으라 우리 하나님 여호와는 오직 유일한 여호와이시니

신명기 6장 5절

너는 마음을 다하고 뜻을 다하고 힘을 다하여 네 하나님 여호와를 사랑하라

신명기 10장 17절

너희의 하나님 여호와는 신 가운데 신이시며 주 가운데 주시요 크고 능하시며 두려우신 하나님이시라 사람을 외모로 보지 아니하시며 뇌물을 받지 아니하시고

신명기 6장 4절

신명기 6장 5절

신명기 10장 17절

신명기 10장 18절

고아와 과부를 위하여 정의를 행하시며 나그네를 사랑하여 그에게 떡과 옷을 주시나니

여호수아 1장 8절

이 율법책을 네 입에서 떠나지 말게 하며 주야로 그것을 묵상하여 그 안에 기록된 대로 다 지켜 행하라 그리하면 네 길이 평탄하게 될 것이며 네가 형통하리라

사사기 8장 23절

기드온이 그들에게 이르되 내가 너희를 다스리지 아니하겠고 나의 아들도 너희를 다스리지 아니할 것이요 여호와께서 너희를 다스리시리라 하니라

신명기 10장 18절

여호수아 1장 8절

사사기 8장 23절

룻기 1장 16절

룻이 이르되 내게 어머니를 떠나며 어머니를 따르지 말고 돌아가라 강권하지 마옵소서 어머니께서 가시는 곳에 나도 가고 어머니께서 머무시는 곳에서 나도 머물겠나이다 어머니의 백성이 나의 백성이 되고 어머니의 하나님이 나의 하나님이 되시리니

사무엘상 12장 23절

나는 너희를 위하여 기도하기를 쉬는 죄를 여호와 앞에 결단코 범하지 아니하고 선하고 의로운 길을 너희에게 가르칠 것인즉

누가복음 1장 16절

사무엘상 12장 23절

사무엘상 17장 45절

다윗이 블레셋 사람에게 이르되 너는 칼과 창과 단창으로 내게 나아오거니와 나는 만군의 여호와의 이름 곧 네가 모욕하는 이스라엘 군대의 하나님의 이름으로 네게 나아가노라

사무엘하 7장 11절

전에 내가 사사에게 명령하여 내 백성 이스라엘을 다스리던 때와 같지 아니하게 하고 너를 모든 원수에게서 벗어나 편히 쉬게 하리라 여호와가 또 네게 이르노니 여호와가 너를 위하여 집을 짓고

사무엘하 7장 12절

네 수한이 차서 네 조상들과 함께 누울 때에 내가 네 몸에서 날 네 씨를 네 뒤에 세워 그의 나라를 견고하게 하리라

사무엘상 17장 45절

사무엘하 7장 11절

사무엘하 7장 12절

사무엘하 7장 13절

그는 내 이름을 위하여 집을 건축할 것이요 나는 그의 나라 왕위를 영원히 견고하게 하리라

열왕기상 18장 21절

엘리야가 모든 백성에게 가까이 나아가 이르되 너희가 어느 때까지 둘 사이에서 머뭇머뭇 하려느냐 여호와가 만일 하나님이면 그를 따르고 바알이 만일 하나님이면 그를 따를지니라 하니 백성이 말 한마디도 대답하지 아니하는지라

사무엘하 7장 13절

열왕기상 18장 21절

열왕기하 22장 13절

너희는 가서 나와 백성과 온 유다를 위하여 이 발견한 책의 말씀에 대하여 여호와께 물으라 우리 조상들이 이 책의 말씀을 듣지 아니하며 이 책에 우리를 위하여 기록된 모든 것을 행하지 아니하였으므로 여호와께서 우리에게 내리신 진노가 크도다

역대상 29장 17절

나의 하나님이여 주께서 마음을 감찰하시고 정직을 기뻐하시는 줄을 내가 아나이다 내가 정직한 마음으로 이 모든 것을 즐거이 드렸사오며 이제 내가 또 여기 있는 주의 백성이 주께 자원하여 드리는 것을 보오니 심히 기쁘도소이다

열왕기하 22장 13절

역대상 29장 17절

역대하 14장 11절

아사가 그의 하나님 여호와께 부르짖어 이르되 여호와여 힘이 강한 자와 약한 자 사이에는 주밖에 도와 줄 이가 없사오니 우리 하나님 여호와여 우리를 도우소서 우리가 주를 의지하오며 주의 이름을 의탁하옵고 이 많은 무리를 치러 왔나이다 여호와여 주는 우리 하나님이시오니 원하건대 사람이 주를 이기지 못하게 하옵소서 하였더니

역대하 20장 12절

우리 하나님이여 그들을 징벌하지 아니하시나이까 우리를 치러 오는 이 큰 무리를 우리가 대적할 능력이 없고 어떻게 할 줄도 알지 못하옵고 오직 주만 바라보나이다 하고

역대하 14장 11절

역대하 20장 12절

에스라 9장 6절

말하기를 나의 하나님이여 내가 부끄럽고 낯이 뜨거워서 감히 나의 하나님을 향하여 얼굴을 들지 못하오니 이는 우리 죄악이 많아 정수리에 넘치고 우리 허물이 커서 하늘에 미침이니이다

느헤미야 5장 8절

그들에게 이르기를 우리는 이방인의 손에 팔린 우리 형제 유다 사람들을 우리의 힘을 다하여 도로 찾았거늘 너희는 너희 형제를 팔고자 하느냐 더구나 우리의 손에 팔리게 하겠느냐 하매 그들이 잠잠하여 말이 없기로

에스라 9장 6절

느헤미야 5장 8절

에스더 4장 14절

이 때에 네가 만일 잠잠하여 말이 없으면 유다인은 다른 데로 말미암아 놓임과 구원을 얻으려니와 너와 네 아버지 집은 멸망하리라 네가 왕후의 자리를 얻은 것이 이 때를 위함이 아닌지 누가 알겠느냐 하니

욥기 1장 21절

이르되 내가 모태에서 알몸으로 나왔사온즉 또한 알몸이 그리로 돌아가올지라 주신 이도 여호와시요 거두신 이도 여호와시오니 여호와의 이름이 찬송을 받으실지니이다 하고

욥기 42장 5절

내가 주께 대하여 귀로 듣기만 하였사오나 이제는 눈으로 주를 뵈옵나이다

에스더 4장 14절

욥기 1장 21절

욥기 42장 5절

시편 1편 1절

복 있는 사람은 악인들의 꾀를 따르지 아니하며 죄인들의 길에 서지 아니하며 오만한 자들의 자리에 앉지 아니하고

시편 1편 2절

오직 여호와의 율법을 즐거워하여 그의 율법을 주야로 묵상하는도다

시편 1편 3절

그는 시냇가에 심은 나무가 철을 따라 열매를 맺으며 그 잎사귀가 마르지 아니함 같으니 그가 하는 모든 일이 다 형통하리로다

시편 1편 1절

시편 1편 2절

시편 1편 3절

시편 1편 4절

악인들은 그렇지 아니함이여 오직 바람에 나는 겨와 같도다

시편 1편 5절

그러므로 악인들은 심판을 견디지 못하며 죄인들이 의인들의 모임에
들지 못하리로다

시편 1편 6절

무릇 의인들의 길은 여호와께서 인정하시나 악인들의 길은 망하리
로다

시편 1편 4절

시편 1편 5절

시편 1편 6절

시편 23편 1절

여호와는 나의 목자시니 내게 부족함이 없으리로다

시편 23편 2절

그가 나를 푸른 풀밭에 누이시며 쉴 만한 물 가로 인도하시는도다

시편 23편 3절

내 영혼을 소생시키시고 자기 이름을 위하여 의의 길로 인도하시는도다

시편 23편 4절

내가 사망의 음침한 골짜기로 다닐지라도 해를 두려워하지 않을 것은 주께서 나와 함께 하심이라 주의 지팡이와 막대기가 나를 안위하시나이다

시편 23편 1절

시편 23편 2절

시편 23편 3절

시편 23편 4절

시편 23편 5절

주께서 내 원수의 목전에서 내게 상을 차려 주시고 기름을 내 머리에 부으셨으니 내 잔이 넘치나이다

시편 23편 6절

내 평생에 선하심과 인자하심이 반드시 나를 따르리니 내가 여호와의 집에 영원히 살리로다

시편 32편 1절

허물의 사함을 받고 자신의 죄가 가려진 자는 복이 있도다

시편 23편 5절

시편 23편 6절

시편 32편 1절

시편 32편 2절

마음에 간사함이 없고 여호와께 정죄를 당하지 아니하는 자는 복이 있도다

시편 50편 14절

감사로 하나님께 제사를 드리며 지존하신 이에게 네 서원을 갚으며

시편 50편 15절

환난 날에 나를 부르라 내가 너를 건지리니 네가 나를 영화롭게 하리로다

시편 32편 2절

시편 50편 14절

시편 50편 15절

시편 84편 5절

주께 힘을 얻고 그 마음에 시온의 대로가 있는 자는 복이 있나이다

시편 84편 6절

그들이 눈물 골짜기로 지나갈 때에 그 곳에 많은 샘이 있을 것이며 이른 비가 복을 채워 주나이다

시편 119편 9절

청년이 무엇으로 그의 행실을 깨끗하게 하리이까 주의 말씀만 지킬 따름이니이다

시편 84편 5절

시편 84편 6절

시편 119편 9절

시편 119편 11절

내가 주께 범죄하지 아니하려 하여 주의 말씀을 내 마음에 두었나이다

시편 119편 105절

주의 말씀은 내 발에 등이요 내 길에 빛이니이다

시편 121편 1절

내가 산을 향하여 눈을 들리라 나의 도움이 어디서 올까

시편 121편 2절

나의 도움은 천지를 지으신 여호와에게서로다

시편 119편 11절

시편 119편 105절

시편 121편 1절

시편 121편 2절

시편 127편 1절

여호와께서 집을 세우지 아니하시면 세우는 자의 수고가 헛되며 여호와께서 성을 지키지 아니하시면 파수꾼의 깨어 있음이 헛되도다

시편 133편 1절

보라 형제가 연합하여 동거함이 어찌 그리 선하고 아름다운고

잠언 1장 7절

여호와를 경외하는 것이 지식의 근본이거늘 미련한 자는 지혜와 훈계를 멸시하느니라

시편 127편 1절

시편 133편 1절

잠언 1장 7절

잠언 1장 32절

어리석은 자의 퇴보는 자기를 죽이며 미련한 자의 안일은 자기를 멸망시키려니와

잠언 2장 7절

그는 정직한 자를 위하여 완전한 지혜를 예비하시며 행실이 온전한 자에게 방패가 되시나니

잠언 3장 5절

너는 마음을 다하여 여호와를 신뢰하고 네 명철을 의지하지 말라

잠언 1장 32절

잠언 2장 7절

잠언 3장 5절

잠언 3장 6절

너는 범사에 그를 인정하라 그리하면 네 길을 지도하시리라

잠언 3장 9절

네 재물과 네 소산물의 처음 익은 열매로 여호와를 공경하라

잠언 3장 10절

그리하면 네 창고가 가득히 차고 네 포도즙 틀에 새 포도즙이 넘치리라

잠언 11장 28절

자기의 재물을 의지하는 자는 패망하려니와 의인은 푸른 잎사귀 같아
서 번성하리라

잠언 3장 6절

잠언 3장 9절

잠언 3장 10절

잠언 11장 28절

잠언 12장 15절

미련한 자는 자기 행위를 바른 줄로 여기나 지혜로운 자는 권고를 듣느니라

잠언 13장 6절

공의는 행실이 정직한 자를 보호하고 악은 죄인을 패망하게 하느니라

잠언 13장 7절

스스로 부한 체하여도 아무 것도 없는 자가 있고 스스로 가난한 체하여도 재물이 많은 자가 있느니라

잠언 12장 15절

잠언 13장 6절

잠언 13장 7절

잠언 14장 16절

지혜로운 자는 두려워하여 악을 떠나나 어리석은 자는 방자하여 스스로 믿느니라

잠언 14장 31절

가난한 사람을 학대하는 자는 그를 지으신 이를 멸시하는 자요 궁핍한 사람을 불쌍히 여기는 자는 주를 공경하는 자니라

잠언 15장 18절

분을 쉽게 내는 자는 다툼을 일으켜도 노하기를 더디 하는 자는 시비를 그치게 하느니라

잠언 14장 16절

잠언 14장 31절

잠언 15장 18절

잠언 16장 8절

적은 소득이 공의를 겸하면 많은 소득이 불의를 겸한 것보다 나으니라

잠언 16장 9절

사람이 마음으로 자기의 길을 계획할지라도 그의 걸음을 인도하시는 이는 여호와시니라

잠언 17장 1절

마른 떡 한 조각만 있고도 화목하는 것이 제육이 집에 가득하고도 다투는 것보다 나으니라

잠언 16장 8절

잠언 16장 9절

잠언 17장 1절

잠언 18장 2절

미련한 자는 명철을 기뻐하지 아니하고 자기의 의사를 드러내기만 기뻐하느니라

잠언 18장 12절

사람의 마음의 교만은 멸망의 선봉이요 겸손은 존귀의 길잡이니라

잠언 19장 6절

너그러운 사람에게는 은혜를 구하는 자가 많고 선물 주기를 좋아하는 자에게는 사람마다 친구가 되느니라

잠언 18장 2절

잠언 18장 12절

잠언 19장 6절

잠언 19장 22절

사람은 자기의 인자함으로 남에게 사모함을 받느니라 가난한 자는 거짓말하는 자보다 나으니라

잠언 21장 20절

지혜 있는 자의 집에는 귀한 보배와 기름이 있으나 미련한 자는 이것을 다 삼켜 버리느니라

잠언 26장 15절

게으른 자는 그 손을 그릇에 넣고도 입으로 올리기를 괴로워하느니라

잠언 19장 22절

잠언 21장 20절

잠언 26장 15절

잠언 28장 25절

욕심이 많은 자는 다툼을 일으키나 여호와를 의지하는 자는 풍족하게 되느니라

잠언 29장 23절

사람이 교만하면 낮아지게 되겠고 마음이 겸손하면 영예를 얻으리라

전도서 3장 1절

범사에 기한이 있고 천하 만사가 다 때가 있나니

전도서 12장 13절

일의 결국을 다 들었으니 하나님을 경외하고 그의 명령들을 지킬지어다 이것이 모든 사람의 본분이니라

잠언 28장 25절

잠언 29장 23절

전도서 3장 1절

전도서 12장 13절

아가 8장 6절

너는 나를 도장 같이 마음에 품고 도장 같이 팔에 두라 사랑은 죽음 같이 강하고 질투는 스올 같이 잔인하며 불길 같이 일어나니 그 기세가 여호와의 불과 같으니라

이사야 26장 3절

주께서 심지가 견고한 자를 평강하고 평강하도록 지키시리니 이는 그가 주를 신뢰함이니이다

이사야 41장 10절

두려워하지 말라 내가 너와 함께 함이라 놀라지 말라 나는 네 하나님이 됨이라 내가 너를 굳세게 하리라 참으로 너를 도와 주리라 참으로 나의 의로운 오른손으로 너를 붙들리라

아가 8장 6절

이사야 26장 3절

이사야 41장 10절

이사야 53장 4절

그는 실로 우리의 질고를 지고 우리의 슬픔을 당하였거늘 우리는 생각하기를 그는 징벌을 받아 하나님께 맞으며 고난을 당한다 하였노라

이사야 53장 5절

그가 찔림은 우리의 허물 때문이요 그가 상함은 우리의 죄악 때문이라 그가 징계를 받으므로 우리는 평화를 누리고 그가 채찍에 맞으므로 우리는 나음을 받았도다

이사야 53장 6절

우리는 다 양 같아서 그릇 행하여 각기 제 길로 갔거늘 여호와께서는 우리 모두의 죄악을 그에게 담당시키셨도다

이사야 53장 4절

이사야 53장 5절

이사야 53장 6절

이사야 61장 1절

주 여호와의 영이 내게 내리셨으니 이는 여호와께서 내게 기름을 부으사 가난한 자에게 아름다운 소식을 전하게 하려 하심이라 나를 보내사 마음이 상한 자를 고치며 포로된 자에게 자유를, 갇힌 자에게 놓임을 선포하며

이사야 61장 2절

여호와의 은혜의 해와 우리 하나님의 보복의 날을 선포하여 모든 슬픈 자를 위로하되

이사야 61장 1절

이사야 61장 2절

이사야 61장 3절

무릇 시온에서 슬퍼하는 자에게 화관을 주어 그 재를 대신하며 기쁨의 기름으로 그 슬픔을 대신하며 찬송의 옷으로 그 근심을 대신하시고 그들이 의의 나무 곧 여호와께서 심으신 그 영광을 나타낼 자라 일컬음을 받게 하려 하심이라

예레미야 2장 13절

내 백성이 두 가지 악을 행하였나니 곧 그들이 생수의 근원되는 나를 버린 것과 스스로 웅덩이를 판 것인데 그것은 그 물을 가두지 못할 터진 웅덩이들이니라

이사야 61장 3절

예레미야 2장 13절

예레미야 20장 9절

내가 다시는 여호와를 선포하지 아니하며 그의 이름으로 말하지 아니
하리라 하면 나의 마음이 불붙는 것 같아서 골수에 사무치니 답답하
여 견딜 수 없나이다

예레미야 31장 31절

여호와의 말씀이니라 보라 날이 이르리니 내가 이스라엘 집과 유다
집에 새 언약을 맺으리라

예레미야애가 3장 22절

여호와의 인자와 긍휼이 무궁하시므로 우리가 진멸되지 아니함이니
이다

예레미야 20장 9절

예레미야 31장 31절

예레미야애가 3장 22절

예레미야애가 3장 23절

이것들이 아침마다 새로우니 주의 성실하심이 크시도소이다

예레미야애가 3장 26절

사람이 여호와의 구원을 바라고 잠잠히 기다림이 좋도다

예레미야애가 3장 27절

사람은 젊었을 때에 멍에를 메는 것이 좋으니

에스겔 18장 20절

범죄하는 그 영혼은 죽을지라 아들은 아버지의 죄악을 담당하지 아니
할 것이요 아버지는 아들의 죄악을 담당하지 아니하리니 의인의 공의
도 자기에게로 돌아가고 악인의 악도 자기에게로 돌아가리라

예레미야애가 3장 23절

예레미야애가 3장 26절

예레미야애가 3장 27절

에스겔 18장 20절

에스겔 37장 4절

또 내게 이르시되 너는 이 모든 뼈에게 대언하여 이르기를 너희 마른 뼈들아 여호와의 말씀을 들을지어다

에스겔 37장 5절

주 여호와께서 이 뼈들에게 이같이 말씀하시기를 내가 생기를 너희에게 들어가게 하리니 너희가 살아나리라

다니엘 12장 3절

지혜 있는 자는 궁창의 빛과 같이 빛날 것이요 많은 사람을 옳은 데로 돌아오게 한 자는 별과 같이 영원토록 빛나리라

에스겔 37장 4절

에스겔 37장 5절

다니엘 12장 3절

호세아 6장 6절

나는 인애를 원하고 제사를 원하지 아니하며 번제보다 하나님을 아는 것을 원하노라

요엘 2장 28절

그 후에 내가 내 영을 만민에게 부어 주리니 너희 자녀들이 장래 일을 말할 것이며 너희 늙은이는 꿈을 꾸며 너희 젊은이는 이상을 볼 것이며

요엘 2장 29절

그 때에 내가 또 내 영을 남종과 여종에게 부어 줄 것이며

아모스 5장 24절

오직 정의를 물 같이, 공의를 마르지 않는 강 같이 흐르게 할지어다

호세아 6장 6절

요엘 2장 28절

요엘 2장 29절

아모스 5장 24절

오바댜 1장 3절

너의 마음의 교만이 너를 속였도다 바위 틈에 거주하며 높은 곳에 사는 자여 네가 마음에 이르기를 누가 능히 나를 땅에 끌어내리겠느냐 하니

오바댜 1장 4절

네가 독수리처럼 높이 오르며 별 사이에 깃들일지라도 내가 거기에서 너를 끌어내리리라 여호와의 말씀이니라

요나 4장 10절

여호와께서 이르시되 네가 수고도 아니하였고 재배도 아니하였고 하룻밤에 났다가 하룻밤에 말라 버린 이 박넝쿨을 아꼈거든

오바댜 1장 3절

오바댜 1장 4절

요나 4장 10절

요나 4장 11절

하물며 이 큰 성읍 니느웨에는 좌우를 분변하지 못하는 자가 십이만 여 명이요 가축도 많이 있나니 내가 어찌 아끼지 아니하겠느냐 하시니라

미가 6장 8절

사람아 주께서 선한 것이 무엇임을 네게 보이셨나니 여호와께서 네게 구하시는 것은 오직 정의를 행하며 인자를 사랑하며 겸손하게 네 하나님과 함께 행하는 것이 아니냐

나훔 1장 7절

여호와는 선하시며 환난 날에 산성이시라 그는 자기에게 피하는 자들을 아시느니라

요나 4장 11절

미가 6장 8절

나훔 1장 7절

하박국 3장 17절

비록 무화과나무가 무성하지 못하며 포도나무에 열매가 없으며 감람나무에 소출이 없으며 밭에 먹을 것이 없으며 우리에 양이 없으며 외양간에 소가 없을지라도

하박국 3장 18절

나는 여호와로 말미암아 즐거워하며 나의 구원의 하나님으로 말미암아 기뻐하리로다

스바냐 3장 17절

너의 하나님 여호와가 너의 가운데에 계시니 그는 구원을 베푸실 전능자이시라 그가 너로 말미암아 기쁨을 이기지 못하시며 너를 잠잠히 사랑하시며 너로 말미암아 즐거이 부르며 기뻐하시리라 하리라

하박국 3장 17절

하박국 3장 18절

스바냐 3장 17절

학개 2장 8절

은도 내 것이요 금도 내 것이니라 만군의 여호와의 말이니라

학개 2장 9절

이 성전의 나중 영광이 이전 영광보다 크리라 만군의 여호와의 말이니라 내가 이 곳에 평강을 주리라 만군의 여호와의 말이니라

스가랴 4장 6절

그가 내게 대답하여 이르되 여호와께서 스룹바벨에게 하신 말씀이 이러하니라 만군의 여호와께서 말씀하시되 이는 힘으로 되지 아니하며 능력으로 되지 아니하고 오직 나의 영으로 되느니라

말라기 3장 10절

만군의 여호와가 이르노라 너희의 온전한 십일조를 창고에 들여 나의 집에 양식이 있게 하고 그것으로 나를 시험하여 내가 하늘 문을 열고 너희에게 복을 쌓을 곳이 없도록 붓지 아니하나 보라

학개 2장 8절

학개 2장 9절

스가랴 4장 6절

말라기 3장 10절

“모든 성경은 하나님의
감동으로 된 것으로 교훈과 책망과
바르게 함과 의로 교육하기에 유익하니”

디모데후서 3장 16절

신약

마태복음 1장 1절

아브라함과 다윗의 자손 예수 그리스도의 계보라

마태복음 4장 19절

말씀하시되 나를 따라오라 내가 너희를 사람을 낚는 어부가 되게 하리라 하시니

마태복음 5장 16절

이같이 너희 빛이 사람 앞에 비치게 하여 그들로 너희 착한 행실을 보고 하늘에 계신 너희 아버지께 영광을 돌리게 하라

마태복음 1장 1절

마태복음 4장 19절

마태복음 5장 16절

마태복음 6장 33절

그런즉 너희는 먼저 그의 나라와 그의 의를 구하라 그리하면 이 모든 것을 너희에게 더하시리라

마태복음 7장 1절

비판을 받지 아니하려거든 비판하지 말라

마태복음 7장 7절

구하라 그리하면 너희에게 주실 것이요 찾으라 그리하면 찾아낼 것이요 문을 두드리라 그리하면 너희에게 열릴 것이니

마태복음 6장 33절

마태복음 7장 1절

마태복음 7장 7절

마태복음 11장 28절

수고하고 무거운 짐 진 자들아 다 내게로 오라 내가 너희를 쉬게 하리라

마태복음 18장 20절

두세 사람이 내 이름으로 모인 곳에는 나도 그들 중에 있느니라

마태복음 27장 46절

제구시쯤에 예수께서 크게 소리 질러 이르시되 엘리 엘리 라마 사박다니 하시니 이는 곧 나의 하나님, 나의 하나님, 어찌하여 나를 버리셨나이까 하는 뜻이라

마태복음 11장 28절

마태복음 18장 20절

마태복음 27장 46절

마태복음 28장 19절

그러므로 너희는 가서 모든 민족을 제자로 삼아 아버지와 아들과 성령의 이름으로 세례를 베풀고

마태복음 28장 20절

내가 너희에게 분부한 모든 것을 가르쳐 지키게 하라 볼지어다 내가 세상 끝날까지 너희와 항상 함께 있으리라 하시니라

마가복음 3장 28절

내가 진실로 너희에게 이르노니 사람의 모든 죄와 모든 모독하는 일은 사하심을 얻되

마태복음 28장 19절

마태복음 28장 20절

마가복음 3장 28절

마가복음 3장 29절

누구든지 성령을 모독하는 자는 영원히 사하심을 얻지 못하고 영원한 죄가 되느니라 하시니

마가복음 8장 29절

또 물으시되 너희는 나를 누구라 하느냐 베드로가 대답하여 이르되 주는 그리스도시니이다 하매

마가복음 10장 45절

인자가 온 것은 섬김을 받으려 함이 아니라 도리어 섬기려 하고 자기 목숨을 많은 사람의 대속물로 주려 함이니라

마가복음 3장 29절

마가복음 8장 29절

마가복음 10장 45절

마가복음 12장 30절

네 마음을 다하고 목숨을 다하고 뜻을 다하고 힘을 다하여 주 너의 하나님을 사랑하라 하신 것이요

마가복음 12장 31절

둘째는 이것이니 네 이웃을 네 자신과 같이 사랑하라 하신 것이라 이보다 더 큰 계명이 없느니라

마가복음 13장 32절

그러나 그 날과 그 때는 아무도 모르나니 하늘에 있는 천사들도, 아들도 모르고 아버지만 아시느니라

마가복음 12장 30절

마가복음 12장 31절

마가복음 13장 32절

누가복음 4장 18절

주의 성령이 내게 임하셨으니 이는 가난한 자에게 복음을 전하게 하시려고 내게 기름을 부으시고 나를 보내사 포로 된 자에게 자유를, 눈 먼 자에게 다시 보게 함을 전파하며 눌린 자를 자유롭게 하고

누가복음 4장 19절

주의 은혜의 해를 전파하게 하려 하심이라 하였더라

누가복음 9장 23절

또 무리에게 이르시되 아무든지 나를 따라오려거든 자기를 부인하고 날마다 제 십자가를 지고 나를 따를 것이니라

누가복음 4장 18절

누가복음 4장 19절

누가복음 9장 23절

누가복음 9장 62절

예수께서 이르시되 손에 쟁기를 잡고 뒤를 돌아보는 자는 하나님의 나라에 합당하지 아니하니라 하시니라

누가복음 11장 2절

예수께서 이르시되 너희는 기도할 때에 이렇게 하라 아버지여 이름이 거룩히 여김을 받으시오며 나라가 임하시오며

누가복음 11장 3절

우리에게 날마다 일용할 양식을 주시옵고

누가복음 9장 62절

누가복음 11장 2절

누가복음 11장 3절

누가복음 11장 4절

우리가 우리에게 죄 지은 모든 사람을 용서하오니 우리 죄도 사하여 주시옵고 우리를 시험에 들게 하지 마시옵소서 하라

누가복음 11장 20절

그러나 내가 만일 하나님의 손을 힘입어 귀신을 쫓아낸다면 하나님의 나라가 이미 너희에게 임하였느니라

누가복음 17장 20절

바리새인들이 하나님의 나라가 어느 때에 임하나이까 묻거늘 예수께서 대답하여 이르시되 하나님의 나라는 볼 수 있게 임하는 것이 아니요

누가복음 11장 4절

누가복음 11장 20절

누가복음 17장 20절

누가복음 17장 21절

또 여기 있다 저기 있다고도 못하리니 하나님의 나라는 너희 안에 있느니라

요한복음 1장 12절

영접하는 자 곧 그 이름을 믿는 자들에게는 하나님의 자녀가 되는 권세를 주셨으니

요한복음 1장 14절

말씀이 육신이 되어 우리 가운데 거하시매 우리가 그의 영광을 보니 아버지의 독생자의 영광이요 은혜와 진리가 충만하더라

누가복음 17장 21절

요한복음 1장 12절

요한복음 1장 14절

요한복음 3장 16절

하나님이 세상을 이처럼 사랑하사 독생자를 주셨으니 이는 그를 믿는 자마다 멸망하지 않고 영생을 얻게 하려 하심이라

요한복음 3장 17절

하나님이 그 아들을 세상에 보내신 것은 세상을 심판하려 하심이 아니요 그로 말미암아 세상이 구원을 받게 하려 하심이라

요한복음 5장 24절

내가 진실로 진실로 너희에게 이르노니 내 말을 듣고 또 나 보내신 이를 믿는 자는 영생을 얻었고 심판에 이르지 아니하나니 사망에서 생명으로 옮겼느니라

요한복음 3장 16절

요한복음 3장 17절

요한복음 5장 24절

요한복음 5장 39절

너희가 성경에서 영생을 얻는 줄 생각하고 성경을 연구하거니와 이 성경이 곧 내게 대하여 증언하는 것이니라

요한복음 10장 11절

나는 선한 목자라 선한 목자는 양들을 위하여 목숨을 버리거니와

요한복음 10장 12절

삯꾼은 목자가 아니요 양도 제 양이 아니라 이리가 오는 것을 보면 양을 버리고 달아나나니 이리가 양을 물어 가고 또 헤치느니라

요한복음 5장 39절

요한복음 10장 11절

요한복음 10장 12절

요한복음 11장 25절

예수께서 이르시되 나는 부활이요 생명이니 나를 믿는 자는 죽어도 살겠고

요한복음 11장 26절

무릇 살아서 나를 믿는 자는 영원히 죽지 아니하리니 이것을 네가 믿느냐

요한복음 12장 24절

내가 진실로 진실로 너희에게 이르노니 한 알의 밀이 땅에 떨어져 죽지 아니하면 한 알 그대로 있고 죽으면 많은 열매를 맺느니라

요한복음 11장 25절

요한복음 11장 26절

요한복음 12장 24절

요한복음 13장 34절

새 계명을 너희에게 주노니 서로 사랑하라 내가 너희를 사랑한 것 같이 너희도 서로 사랑하라

요한복음 13장 35절

너희가 서로 사랑하면 이로써 모든 사람이 너희가 내 제자인 줄 알리라

요한복음 14장 21절

나의 계명을 지키는 자라야 나를 사랑하는 자니 나를 사랑하는 자는 내 아버지께 사랑을 받을 것이요 나도 그를 사랑하여 그에게 나를 나타내리라

요한복음 13장 34절

요한복음 13장 35절

요한복음 14장 21절

요한복음 15장 7절

너희가 내 안에 거하고 내 말이 너희 안에 거하면 무엇이든지 원하는 대로 구하라 그리하면 이루리라

요한복음 20장 31절

오직 이것을 기록함은 너희로 예수께서 하나님의 아들 그리스도이심을 믿게 하려 함이요 또 너희로 믿고 그 이름을 힘입어 생명을 얻게 하려 함이니라

사도행전 1장 8절

오직 성령이 너희에게 임하시면 너희가 권능을 받고 예루살렘과 온 유대와 사마리아와 땅 끝까지 이르러 내 증인이 되리라 하시니라

요한복음 15장 7절

요한복음 20장 31절

사도행전 1장 8절

사도행전 2장 33절

하나님이 오른손으로 예수를 높이시매 그가 약속하신 성령을 아버지께 받아서 너희가 보고 듣는 이것을 부어 주셨느니라

사도행전 4장 12절

다른 이로써는 구원을 받을 수 없나니 천하 사람 중에 구원을 받을 만한 다른 이름을 우리에게 주신 일이 없음이라 하였더라

사도행전 16장 31절

이르되 주 예수를 믿으라 그리하면 너와 네 집이 구원을 받으리라 하고

사도행전 2장 33절

사도행전 4장 12절

사도행전 16장 31절

사도행전 24장 16절

이것으로 말미암아 나도 하나님과 사람에 대하여 항상 양심에 거리낌
이 없기를 힘쓰나이다

사도행전 28장 31절

하나님의 나라를 전파하며 주 예수 그리스도에 관한 모든 것을 담대
하게 거침없이 가르치더라

로마서 1장 16절

내가 복음을 부끄러워하지 아니하노니 이 복음은 모든 믿는 자에게
구원을 주시는 하나님의 능력이 됨이라 먼저는 유대인에게요 그리고
헬라인에게로다

사도행전 24장 16절

사도행전 28장 31절

로마서 1장 16절

로마서 1장 17절

복음에는 하나님의 의가 나타나서 믿음으로 믿음에 이르게 하나니 기록된 바 오직 의인은 믿음으로 말미암아 살리라 함과 같으니라

로마서 3장 21절

이제는 율법 외에 하나님의 한 의가 나타났으니 율법과 선지자들에게 증거를 받은 것이라

로마서 3장 23절

모든 사람이 죄를 범하였으매 하나님의 영광에 이르지 못하더니

로마서 1장 17절

로마서 3장 21절

로마서 3장 23절

로마서 3장 24절

그리스도 예수 안에 있는 속량으로 말미암아 하나님의 은혜로 값 없이 의롭다 하심을 얻은 자 되었느니라

로마서 4장 20절

믿음이 없어 하나님의 약속을 의심하지 않고 믿음으로 견고하여져서 하나님께 영광을 돌리며

로마서 4장 21절

약속하신 그것을 또한 능히 이루실 줄을 확신하였으니

로마서 3장 24절

로마서 4장 20절

로마서 4장 21절

로마서 4장 25절

예수는 우리가 범죄한 것 때문에 내줌이 되고 또한 우리를 의롭다 하시기 위하여 살아나셨느니라

로마서 5장 8절

우리가 아직 죄인 되었을 때에 그리스도께서 우리를 위하여 죽으심으로 하나님께서 우리에 대한 자기의 사랑을 확증하셨느니라

로마서 6장 23절

죄의 삯은 사망이요 하나님의 은사는 그리스도 예수 우리 주 안에 있는 영생이니라

로마서 4장 25절

로마서 5장 8절

로마서 6장 23절

로마서 8장 1절

그러므로 이제 그리스도 예수 안에 있는 자에게는 결코 정죄함이 없나니

로마서 8장 2절

이는 그리스도 예수 안에 있는 생명의 성령의 법이 죄와 사망의 법에서 너를 해방하였음이라

로마서 8장 32절

자기 아들을 아끼지 아니하시고 우리 모든 사람을 위하여 내주신 이가 어찌 그 아들과 함께 모든 것을 우리에게 주시지 아니하겠느냐

로마서 8장 1절

로마서 8장 2절

로마서 8장 32절

로마서 10장 4절

그리스도는 모든 믿는 자에게 의를 이루기 위하여 율법의 마침이 되
시니라

로마서 12장 1절

그러므로 형제들아 내가 하나님의 모든 자비하심으로 너희를 권하노
니 너희 몸을 하나님이 기뻐하시는 거룩한 산 제물로 드리라 이는 너
희가 드릴 영적 예배니라

로마서 12장 2절

너희는 이 세대를 본받지 말고 오직 마음을 새롭게 함으로 변화를 받
아 하나님의 선하시고 기뻐하시고 온전하신 뜻이 무엇인지 분별하도
록 하라

로마서 10장 4절

로마서 12장 1절

로마서 12장 2절

고린도전서 1장 18절

십자가의 도가 멸망하는 자들에게는 미련한 것이요 구원을 받는 우리에게는 하나님의 능력이라

고린도전서 2장 12절

우리가 세상의 영을 받지 아니하고 오직 하나님으로부터 온 영을 받았으니 이는 우리로 하여금 하나님께서 우리에게 은혜로 주신 것들을 알게 하려 하심이라

고린도전서 3장 16절

너희는 너희가 하나님의 성전인 것과 하나님의 성령이 너희 안에 계시는 것을 알지 못하느냐

고린도전서 1장 18절

고린도전서 2장 12절

고린도전서 3장 16절

고린도전서 3장 17절

누구든지 하나님의 성전을 더럽히면 하나님이 그 사람을 멸하시리라 하나님의 성전은 거룩하니 너희도 그러하니라

고린도전서 10장 23절

모든 것이 가하나 모든 것이 유익한 것은 아니요 모든 것이 가하나 모든 것이 덕을 세우는 것은 아니니

고린도전서 10장 24절

누구든지 자기의 유익을 구하지 말고 남의 유익을 구하라

고린도전서 3장 17절

고린도전서 10장 23절

고린도전서 10장 24절

고린도전서 10장 31절

그런즉 너희가 먹든지 마시든지 무엇을 하든지 다 하나님의 영광을 위하여 하라

고린도전서 13장 13절

그런즉 믿음, 소망, 사랑, 이 세 가지는 항상 있을 것인데 그 중의 제일은 사랑이라

고린도전서 15장 45절

기록된 바 첫 사람 아담은 생령이 되었다 함과 같이 마지막 아담은 살려 주는 영이 되었나니

고린도전서 10장 31절

고린도전서 13장 13절

고린도전서 15장 45절

고린도전서 15장 58절

그러므로 내 사랑하는 형제들아 견실하며 흔들리지 말고 항상 주의 일에 더욱 힘쓰는 자들이 되라 이는 너희 수고가 주 안에서 헛되지 않은 줄 앎이라

고린도후서 3장 17절

주는 영이시니 주의 영이 계신 곳에는 자유가 있느니라

고린도후서 4장 5절

우리는 우리를 전파하는 것이 아니라 오직 그리스도 예수의 주 되신 것과 또 예수를 위하여 우리가 너희의 종 된 것을 전파함이라

고린도전서 15장 58절

고린도후서 3장 17절

고린도후서 4장 5절

고린도후서 5장 17절

그런즉 누구든지 그리스도 안에 있으면 새로운 피조물이라 이전 것은 지나갔으니 보라 새 것이 되었도다

고린도후서 9장 6절

이것이 곧 적게 심는 자는 적게 거두고 많이 심는 자는 많이 거둔다 하는 말이로다

고린도후서 9장 7절

각각 그 마음에 정한 대로 할 것이요 인색함으로나 억지로 하지 말지니 하나님은 즐겨 내는 자를 사랑하시느니라

고린도후서 5장 17절

고린도후서 9장 6절

고린도후서 9장 7절

고린도후서 13장 13절

주 예수 그리스도의 은혜와 하나님의 사랑과 성령의 교통하심이 너희 무리와 함께 있을지어다

갈라디아서 2장 20절

내가 그리스도와 함께 십자가에 못 박혔나니 그런즉 이제는 내가 사는 것이 아니요 오직 내 안에 그리스도께서 사시는 것이라 이제 내가 육체 가운데 사는 것은 나를 사랑하사 나를 위하여 자기 자신을 버리신 하나님의 아들을 믿는 믿음 안에서 사는 것이라

갈라디아서 4장 19절

나의 자녀들아 너희 속에 그리스도의 형상을 이루기까지 다시 너희를 위하여 해산하는 수고를 하노니

고린도후서 13장 13절

갈라디아서 2장 20절

갈라디아서 4장 19절

갈라디아서 5장 13절

형제들아 너희가 자유를 위하여 부르심을 입었으나 그러나 그 자유로 육체의 기회를 삼지 말고 오직 사랑으로 서로 종 노릇 하라

갈라디아서 5장 22절

오직 성령의 열매는 사랑과 희락과 화평과 오래 참음과 자비와 양선과 충성과

갈라디아서 5장 23절

온유와 절제니 이같은 것을 금지할 법이 없느니라

갈라디아서 5장 13절

갈라디아서 5장 22절

갈라디아서 5장 23절

갈라디아서 6장 9절

우리가 선을 행하되 낙심하지 말지니 포기하지 아니하면 때가 이르매 거두리라

갈라디아서 6장 10절

그러므로 우리는 기회 있는 대로 모든 이에게 착한 일을 하되 더욱 믿음의 가정들에게 할지니라

에베소서 2장 8절

너희는 그 은혜에 의하여 믿음으로 말미암아 구원을 받았으니 이것은 너희에게서 난 것이 아니요 하나님의 선물이라

갈라디아서 6장 9절

갈라디아서 6장 10절

에베소서 2장 8절

에베소서 2장 9절

행위에서 난 것이 아니니 이는 누구든지 자랑하지 못하게 함이라

에베소서 2장 14절

그는 우리의 화평이신지라 둘로 하나를 만드사 원수 된 것 곧 중간에

막힌 담을 자기 육체로 허시고

에베소서 4장 4절

몸이 하나요 성령도 한 분이시니 이와 같이 너희가 부르심의 한 소망

안에서 부르심을 받았느니라

에베소서 2장 9절

에베소서 2장 14절

에베소서 4장 4절

에베소서 5장 3절

음행과 온갖 더러운 것과 탐욕은 너희 중에서 그 이름조차도 부르지 말라 이는 성도에게 마땅한 바니라

빌립보서 2장 3절

아무 일에든지 다툼이나 허영으로 하지 말고 오직 겸손한 마음으로 각각 자기보다 남을 낫게 여기고

빌립보서 2장 4절

각각 자기 일을 돌볼뿐더러 또한 각각 다른 사람들의 일을 돌보아 나의 기쁨을 충만하게 하라

에베소서 5장 3절

빌립보서 2장 3절

빌립보서 2장 4절

빌립보서 2장 6절

그는 근본 하나님의 본체시나 하나님과 동등됨을 취할 것으로 여기지 아니하시고

빌립보서 2장 7절

오히려 자기를 비워 종의 형체를 가지사 사람들과 같이 되셨고

빌립보서 3장 10절

내가 그리스도와 그 부활의 권능과 그 고난에 참여함을 알고자 하여 그의 죽으심을 본받아

빌립보서 2장 6절

빌립보서 2장 7절

빌립보서 3장 10절

빌립보서 3장 11절

어떻게 해서든지 죽은 자 가운데서 부활에 이르려 하노니

빌립보서 4장 6절

아무 것도 염려하지 말고 다만 모든 일에 기도와 간구로, 너희 구할 것을 감사함으로 하나님께 아뢰라

빌립보서 4장 7절

그리하면 모든 지각에 뛰어난 하나님의 평강이 그리스도 예수 안에서 너희 마음과 생각을 지키시리라

빌립보서 4장 13절

내게 능력 주시는 자 안에서 내가 모든 것을 할 수 있느니라

빌립보서 3장 11절

빌립보서 4장 6절

빌립보서 4장 7절

빌립보서 4장 13절

빌립보서 4장 19절

나의 하나님이 그리스도 예수 안에서 영광 가운데 그 풍성한 대로 너희 모든 쓸 것을 채우시리라

골로새서 1장 15절

그는 보이지 아니하는 하나님의 형상이시요 모든 피조물보다 먼저 나신 이시니

데살로니가전서 1장 10절

또 죽은 자들 가운데서 다시 살리신 그의 아들이 하늘로부터 강림하실 것을 너희가 어떻게 기다리는지를 말하니 이는 장래의 노하심에서 우리를 건지시는 예수시니라

빌립보서 4장 19절

골로새서 1장 15절

데살로니가전서 1장 10절

디모데전서 6장 11절

오직 너 하나님의 사람아 이것들을 피하고 의와 경건과 믿음과 사랑과 인내와 온유를 따르며

디모데전서 6장 12절

믿음의 선한 싸움을 싸우라 영생을 취하라 이를 위하여 네가 부르심을 받았고 많은 증인 앞에서 선한 증언을 하였도다

디모데후서 3장 16절

모든 성경은 하나님의 감동으로 된 것으로 교훈과 책망과 바르게 함과 의로 교육하기에 유익하니

디모데전서 6장 11절

디모데전서 6장 12절

디모데후서 3장 16절

디모데후서 3장 17절

이는 하나님의 사람으로 온전하게 하며 모든 선한 일을 행할 능력을 갖추게 하려 함이라

디도서 3장 5절

우리를 구원하시되 우리가 행한 바 의로운 행위로 말미암지 아니하고 오직 그의 긍휼하심을 따라 중생의 씻음과 성령의 새롭게 하심으로 하셨나니

히브리서 2장 18절

그가 시험을 받아 고난을 당하셨은즉 시험 받는 자들을 능히 도우실 수 있느니라

디모데후서 3장 17절

디도서 3장 5절

히브리서 2장 18절

히브리서 4장 12절

하나님의 말씀은 살아 있고 활력이 있어 좌우에 날선 어떤 검보다도 예리하여 혼과 영과 및 관절과 골수를 찔러 쪼개기까지 하며 또 마음의 생각과 뜻을 판단하나니

히브리서 6장 6절

타락한 자들은 다시 새롭게 하여 회개하게 할 수 없나니 이는 그들이 하나님의 아들을 다시 십자가에 못 박아 드러내 놓고 욕되게 함이라

히브리서 9장 27절

한번 죽는 것은 사람에게 정해진 것이요 그 후에는 심판이 있으리니

히브리서 4장 12절

히브리서 6장 6절

히브리서 9장 27절

히브리서 10장 24절

서로 돌아보아 사랑과 선행을 격려하며

히브리서 10장 25절

모이기를 폐하는 어떤 사람들의 습관과 같이 하지 말고 오직 권하여 그 날이 가까움을 볼수록 더욱 그리하자

히브리서 11장 6절

믿음이 없이는 하나님을 기쁘시게 하지 못하나니 하나님께 나아가는 자는 반드시 그가 계신 것과 또한 그가 자기를 찾는 자들에게 상 주시는 이심을 믿어야 할지니라

히브리서 10장 24절

히브리서 10장 25절

히브리서 11장 6절

히브리서 12장 2절

믿음의 주요 또 온전하게 하시는 이인 예수를 바라보자 그는 그 앞에 있는 기쁨을 위하여 십자가를 참으사 부끄러움을 개의치 아니하시더니 하나님 보좌 우편에 앉으셨느니라

히브리서 12장 3절

너희가 피곤하여 낙심하지 않기 위하여 죄인들이 이같이 자기에게 거역한 일을 참으신 이를 생각하라

야고보서 1장 15절

욕심이 잉태한즉 죄를 낳고 죄가 장성한즉 사망을 낳느니라

히브리서 12장 2절

히브리서 12장 3절

야고보서 1장 15절

야고보서 2장 26절

영혼 없는 몸이 죽은 것 같이 행함이 없는 믿음은 죽은 것이니라

베드로전서 2장 9절

그러나 너희는 택하신 족속이요 왕 같은 제사장들이요 거룩한 나라요 그의 소유가 된 백성이니 이는 너희를 어두운 데서 불러 내어 그의 기이한 빛에 들어가게 하신 이의 아름다운 덕을 선포하게 하려 하심이라

베드로전서 2장 11절

사랑하는 자들아 거류민과 나그네 같은 너희를 권하노니 영혼을 거슬러 싸우는 육체의 정욕을 제어하라

야고보서 2장 26절

베드로전서 2장 9절

베드로전서 2장 11절

베드로전서 5장 5절

젊은 자들아 이와 같이 장로들에게 순종하고 다 서로 겸손으로 허리를 동이라 하나님은 교만한 자를 대적하시되 겸손한 자들에게는 은혜를 주시느니라

베드로전서 5장 6절

그러므로 하나님의 능하신 손 아래에서 겸손하라 때가 되면 너희를 높이시리라

베드로전서 5장 7절

너희 염려를 다 주께 맡기라 이는 그가 너희를 돌보심이라

베드로전서 5장 5절

베드로전서 5장 6절

베드로전서 5장 7절

베드로후서 3장 8절

사랑하는 자들아 주께는 하루가 천 년 같고 천 년이 하루 같다는 이 한 가지를 잊지 말라

요한일서 2장 15절

이 세상이나 세상에 있는 것들을 사랑하지 말라 누구든지 세상을 사랑하면 아버지의 사랑이 그 안에 있지 아니하니

요한일서 2장 16절

이는 세상에 있는 모든 것이 육신의 정욕과 안목의 정욕과 이생의 자랑이니 다 아버지께로부터 온 것이 아니요 세상으로부터 온 것이라

베드로후서 3장 8절

요한일서 2장 15절

요한일서 2장 16절

요한일서 3장 18절

자녀들아 우리가 말과 혀로만 사랑하지 말고 행함과 진실함으로 하자

요한일서 4장 10절

사랑은 여기 있으니 우리가 하나님을 사랑한 것이 아니요 하나님이 우리를 사랑하사 우리 죄를 속하기 위하여 화목제물로 그 아들을 보내셨음이라

요한일서 5장 1절

예수께서 그리스도이심을 믿는 자마다 하나님께로부터 난 자니 또한 낳으신 이를 사랑하는 자마다 그에게서 난 자를 사랑하느니라

요한일서 3장 18절

요한일서 4장 10절

요한일서 5장 1절

요한일서 5장 13절

내가 하나님의 아들의 이름을 믿는 너희에게 이것을 쓰는 것은 너희로 하여금 너희에게 영생이 있음을 알게 하려 함이라

요한계시록 3장 20절

볼지어다 내가 문 밖에 서서 두드리노니 누구든지 내 음성을 듣고 문을 열면 내가 그에게로 들어가 그와 더불어 먹고 그는 나와 더불어 먹으리라

요한일서 5장 13절

요한계시록 3장 20절

내가 쓰는 하루 성경

구성 유윤희 | **그림** 셔터스톡 Maria Starus | **기획 · 편집** 조수연 | **디자인** 완두콩 | **제작 책임** 정원성
펴낸이 김동휘 | **펴낸곳** 여원미디어(주) | **주소** 경기도 파주시 회동길 130(문발동) 탄탄스토리하우스
출판등록 제406-2009-0000032호 | **전화번호** 080-523-4077 | **홈페이지** www.tantani.com

판매처 한국가드너(주)

 ISBN 978-89-6110-649-8 ISBN 978-89-6110-638-2(세트)